Inhalt

Direktmarketing - erfolgreicher Weg zum Kunden

Kernthesen

Beitrag

Fallbeispiele

Weiterführende Literatur

Impressum

GENIOS WirtschaftsWissen Nr. 06/2003 vom 30.06.2003

Direktmarketing - erfolgreicher Weg zum Kunden

E.Krug

Kernthesen

- Direktmarketing boomt. Trotz Budgetkürzungen im Marketing, trotz allgemeiner Werbeflaute konnte in der Branche ein durchaus beachtliches Umsatzwachstum festgestellt werden. (1), (2), (3), (4)
- Die Unternehmer sehen gerade jetzt in wirtschaftlich kritischen Zeiten ihre Chancen im Direktmarketing, sprich dem direkten Dialog mit dem Kunden, um hohe Streuverluste durch z.B. flächendeckende Werbung zu vermeiden. (3), (5)

- Problematisch erweist sich der Missbrauch von Direktmarketing. Abmahnungen sollen hier dem Negativtrend entgegenwirken. (1), (3), (6)

Beitrag

Wo man hinsieht wird der Gürtel enger geschnallt, die Budgets gekürzt und mit Verlusten gerechnet. Nicht so im Direktmarketing, auch Dialogmarketing genannt. Dialogmarketing deshalb, weil das Unternehmen über den Dialog mit dem Kunden direkt in Kontakt tritt, um zu werben und Kundenbeziehungen aufzubauen und zu pflegen. Das erfolgt mit Hilfe von Gewinnspielen, Werbesendungen, über das Telefon, per Brief, E-Mail, Mobilmarketing oder zunehmend durch das Internet. (4), (5)

Aktuelle Situation in der Direktmarketing-Branche

Bereits zwei Drittel deutscher Unternehmen nutzen heute die Möglichkeit des Direktmarketings um neue Kunden zu gewinnen oder bestehende Kundenbeziehungen zu pflegen. (5)

Die ursprünglichen Umsatzerwartungen in der Branche haben sich zwar nicht ganz erfüllt, sind aber in der heutigen wirtschaftlichen Situation ganz beachtlich. Die Spekulationen in der Direktmarketing-Branche waren auch gewaltig hoch gegriffen, als die Unternehmen damit anfingen das Werbebudget zu ihren Gunsten von den klassischen Maßnahmen weg umzuschichten. Denn natürlich machen Kürzungen, das Einstellen von Projekten und der immense Preisdruck auch vor Dialogmarketing nicht ganz halt. Aber dennoch, die positive Grundstimmung ist berechtigt, da lt. Branchen-Barometer des DDV (Deutscher Direktmarketing Verband e. V.), sich im zweiten Halbjahr 2002 eine äußerst positive Tendenz abzeichnete. Konnten im ersten Halbjahr nur ein Drittel der DDV-Mitglieder ein Umsatzwachstum verzeichnen, so stieg die Anzahl der Unternehmen mit Umsatzplus in der zweiten Jahreshälfte bereits auf 42 Prozent. Gleich geblieben ist der Umsatz bei 31 Prozent, gesunken ist er bei 27 Prozent der befragten 290 Mitglieder. Der Hauptgrund für das Umsatzplus liegt in einer erfolgreichen Neukunden-Akquisition. (1), (2), (3), (4)
Trotz der positiven Grundstimmung mussten im vergangenen Jahr doch mehrere Agenturen Insolvenz anmelden. Das liegt aber nicht am Direktmarketing an sich, sondern vor allem daran dass diese Agenturen sich hauptsächlich auf zwei oder drei Umsatzträger gestützt haben. Kürzen diese dann ihre

Budgets oder kündigen gar, dann bringt das sicherlich das Ende für die betreffenden Agenturen mit sich. (1)

Direktmarketing kein Privileg von Großunternehmen

Es sind nicht ausschließlich die großen Konzerne, die Direktmarketing einsetzen, es sind vielmehr sehr häufig die Unternehmen mit einem Umsatz bis zu 250 000 Euro, die diesen Weg zum Dialog mit dem Kunden nutzen. Allerdings halten die Firmen die Ausgaben für diese Art der Werbung mit 3 000 Euro im Durchschnitt noch relativ gering, aber mit steigendem Jahresumsatz steigen auch die durchschnittlichen Ausgaben fürs Direktmarketing. So geben die 10 400 Unternehmen, deren Jahresumsatz bei über 25 Millionen Euro liegt, im Schnitt 824 000 Euro für Marketing übers Telefon, per E-Mail oder als adressierte Werbesendung aus. (5)

Ziele und Voraussetzungen

Das Umdenken vom klassischen Marketing zum Direktmarketing erfolgt nicht zuletzt deshalb, weil die

Unternehmer ihre Kunden auf diese Art und Weise wesentlich gezielter, persönlicher und wirksamer ansprechen können. Sehr häufig lassen sich dabei durch technische Möglichkeiten gleichzeitig die Wünsche und Bedürfnisse der Kunden besser erfassen. Kundenbindung und Kundenbeziehung sind für das Direktmarketing der wichtigste Gesichtspunkt und im Gegensatz zu klassischen Werbemethoden, die auf größtmögliche Marktanteile und hohe Reichweiten angelegt ist, versucht das Direktmarketing auch aus den kleinsten Marktanteilen noch das Optimum herauszuholen. (4), (5)

Der Erfolg stellt sich allerdings nicht von allein ein. Voraussetzung ist in erster Linie fachliche Kompetenz. Außerdem setzt gutes Direktmarketing den positiven auf einer Vertrauensebene basierenden Umgang mit den Kunden voraus. Zudem ist es wichtig, dass das richtige Medium zur richtigen Zeit eingesetzt wird. Optimal erscheint eine Kombination zwischen Methoden des klassischen Marketings und dem Direktmarketing. (1), (5), (6)

Problematik: Missbrauch von Direktmarketing

Unangenehm wird Direktmarketing dann, wenn der

Verbraucher mit Werbebotschaften überschwemmt wird, z.B. durch übervolle Briefkästen, SMS-Abzocke, merkwürdige Faxe, penetrante Anrufe von Call-Centern etc. Die mögliche Folge ist, dass die Werbebotschaften ignoriert oder gar nicht mehr wahrgenommen werden. (3), (5)
Richtig problematisch wird es, wenn dann mit zweifelhaften Methoden die Aufmerksamkeit erregt werden soll. Hier werden schnell mal die rechtlichen Grenzen überschritten und in Grauzonen gehandelt. Rund 180 Beschwerden pro Jahr laufen beim DDV auf und weit mehr sind es bei den Verbraucherverbänden. Besonders zweifelhaft sind so manche Internet-Aktionen. Pro Woche werden im deutschsprachigen Raum an die 500 Millionen Spam-Mails verschickt. Lt. Schätzungen werden in diesem Jahr weltweit ca. 76 Milliarden dieser unerwünschten E-Mails im Umlauf sein.
Dieses sehr fragwürdige Direktmarketing wirkt sich sicherlich nicht positiv auf das Image der Branche aus, so plant der DDV im Sommer ein Qualitätssiegel E-Mail-Marketing einzuführen. Zu dem Zweck soll ein branchenübergreifendes Gremium eingesetzt werden, welches E-Mail-Marketing überwachen soll. (1), (3), (5), (6), (7)

Fallbeispiele

Beispiele für gelungenes Direktmarketing

Payback-Kundenkarte der Kaufhof Warenhaus AGDer Konzern nutzt die Karte erfolgreich, um mit dem Kunden in den Dialog zu treten.
Direktmarketing gewinnt für das Unternehmen zunehmend an Bedeutung und gehört schon länger zu den wichtigsten Werbestrategien.
Die Kunden reagieren positiv auf z.B. Zusendungen von Warenproben, Einladungen oder Coupons.
Ziel von Kaufhof: Kundenbindung und Zufriedenstellen der Kunden (5)

Unadressierte Postwurfsendungen der Wagner-Brillen-Beratung (Koblenz)
Im Rahmen der Bundestagswahl 2002 verteilte der Optiker Carlo Wagner kurz vor dem zweiten Fernsehduell Schröder / Stoiber erfolgreich ca. 70 000 Flyer mit dem Slogan Wählt Wagner. Die Kunden haben positiv auf die humorvolle Werbung reagiert. Für Wagner ist Dialogmarketing ein wichtiger Teil der gesamten Werbestrategie. (5)

Newsletter von Karstadt.de

Auch auf dem elektronischen Postweg stellt Karstadt.de mit seinem Newsletter den Kontakt zum Kunden her.
Auf diese Weise können 300 000 Adressaten erreicht werden.
Neben einer allgemeinen Info-Mail versucht Karstadt.de auch ganz gezielt bestimmte Zielgruppen, wie z.B. Weinliebhaber oder Golfspieler zu erreichen.
Idee: Je spezifischer, desto besser (8)

Beispiele für zweifelhaftes Direktmarketing

Gewinnspiele ohne GewinneBei diesen Gewinnspielen werden Geldbeträge versprochen, Autos, Villen oder Weltreisen, aber nie wird einer der Preise wirklich ausgegeben, wie z.B. auch bei einem Werbeschreiben für das Spiel Aqua-Sun in Nordrhein-Westfalen und Hessen. Versendet wurde eine Mitteilung über die erfolgte Gewinnermittlung mit beigefügter Antwortkarte, adressiert an die Firma Euro-Trans, Seevetal. Angegeben war eine 0190-Nummer als Infotelefon (Tarif: 62 Cent pro Minute). (3)

Mehrwertdienste-Rufnummern
Vor einigen Monaten wurden in Nordrhein-Westfalen den Bewohnern gelbe Benachrichtigungskarten

zugeschickt, die den Eindruck vermittelten, sie kämen von der Post. Darauf wurde dringend ein Rückruf erbeten. Angegeben war eine Mehrwertdienste-Rufnummer. Dem Verbraucher wird etwas vorgetäuscht, damit er eine teure Nummer wählt, um ihn dann auch noch so lange, wie möglich in der Leitung zu halten. (3)

Premium-SMS
Der Kunde wird wiederum im Rahmen von Gewinnspielen per Kurznachricht aufgefordert, eine SMS als Annahmebestätigung zurückzuschicken. Diese Nummer kosten den Sender bis zu drei Euro, ein Vielfaches einer normalen SMS.
Die ursprüngliche Premium-SMS war als Zahlungsmittel für Klingeltöne und Logos gedacht. (3)

Reaktion auf Spam-Mails am Beispiel Web.de

Das Karlsruher Internetportal Web.de hat einen Spam-Versender angezeigt. Dadurch erhofft sich Web.de weitere Spamer abzuschrecken. Schon bei Erreichen des Rechenzentrums blockiert die Vielzahl von Spam-Mails das Internetportal.Seit Mitte letzten Jahres geht Web.de rechtlich gegen Spamer vor, um das Übel im Keim zu ersticken. (9)

Weiterführende Literatur

(1) Dialog muss seine Chancen nutzen
aus HORIZONT 17 vom 24.04.2003 Seite 068

(2) Direktmarketingbranche legt zu
aus acquisa, Heft 04/2003, S. 11

(3) Scharfer Schnitt
aus werben & verkaufen Nr. 15 vom 11.04.2003 Seite 032

(4) Mitten in die Zielgruppe
aus media & marketing Nr. 05 vom 01.05.2003 Seite 012

(5) Ohne Umwege
aus Der Handel Nr.05 vom 07.05.2003 Seite 032

(6) Verbraucher ernst nehmen Beim Kampf gegen unseriöse Praktiken im Direktmarketing sucht der DDV den Schulterschluss mit den Verbraucherschützern.
aus werben & verkaufen Nr. 15 vom 11.04.2003 Seite 033

(7) DDV Anti-Spam-Siegel startet
aus Der Kontakter Nr. 23 vom 02.06.2003 Seite 036

(8) Treue Kunden durch E-Mail

aus werben & verkaufen Nr. 15 vom 11.04.2003 Seite 058

(9) Web.de geht gegen Spam vor -
aus acquisa, Heft 06/2003, S. 17

Impressum

Direktmarketing - erfolgreicher Weg zum Kunden

Bibliografische Information der deutschen Nationalbibliothek

Die Deutsche Nationalbibliothek verzeichnet diese Publikation in der deutschen Nationalbibliografie; detaillierte bibliografische Daten sind im Internet über http://dnb.d-nb.de abrufbar.

ISBN: 978-3-7379-0692-0

© 2015 GBI-Genios Deutsche Wirtschaftsdatenbank GmbH, Freischützstraße 96, 81927 München, www.genios.de

Alle Rechte vorbehalten. Dieses Werk ist einschließlich aller seiner Teile – z.B. Texte, Tabellen und Grafiken - urheberrechtlich geschützt. Jede Verwertung außerhalb der Grenzen des Urheberrechtsgesetzes bedarf der vorherigen Zustimmung des Verlags. Dies gilt insbesondere auch für auszugsweise Nachdrucke, fotomechanische Vervielfältigungen (Fotokopie/Mikroskopie), Übersetzungen, Auswertungen durch Datenbanken oder ähnliche Einrichtungen und die Einspeicherung und Verarbeitung in elektronischen Systemen.